ما انْخلقِت لحتّى أبْقى

مَيْس صلاح

I Was Not Created to Stay

Levantine Arabic Reader – Book 6

(Jordanian Arabic)

by Mais Salah

lingualism

ISBN: 978-1-949650-48-8

Written by Mais Salah

Edited by Ahmed Younis and Matthew Aldrich

English translation by Ahmed Younis and Matthew Aldrich

Cover art by Duc-Minh Vu

Audio by Mais Salah

website: www.lingualism.com

email: contact@lingualism.com

Introduction

The **Levantine Arabic Readers** series aims to provide learners with much-needed exposure to authentic language. The fifteen books in the series are at a similar level (B1-B2) and can be read in any order. The stories are a fun and flexible tool for building vocabulary, improving language skills, and developing overall fluency. **This book is specifically Jordanian Arabic.**

The main text is presented on even-numbered pages with tashkeel (diacritics) to aid in reading, while parallel English translations on odd-numbered pages are there to help you better understand new words and idioms. A second version of the text is given at the back of the book, without the distraction of tashkeel and translations, for those who are up to the challenge.

Visit the **Levantine Arabic Readers** hub at **www.lingualism.com/lar**, where you can find:

- **free accompanying audio** to download or stream (at variable playback rates)

- a **guide** to the Lingualism orthographic (spelling and tashkeel) system

- a **blog** with tips on using our Levantine Arabic readers to learn effectively

ما انْخلقِت لحتّى أبْقى

في حَياةْ كُلّ بني آدم في شخْص أَوْ حدث مُعينّ بيغيرّ كُلّ حَياتك وبيْقْلِبْها. لمّا تِتْطلّع على حَياتك بعْد سْنين كْتير بْتِعْرف قدّيْش في ناس ما كُنِت تِتْخيّل بْيوْم إنْهُم مُمْكِن يِخْتِفوا مِن حَياتك وأشْخاص تانْيين كانوا مُجرّد غُرباء كُنْت مْفكرِّ إنّو جمْعتك فيهُم صُدْفِة ورح يْروحوا. بسّ القدر كان إلو كِلْمِة تانْيِة وضلّوا معك على طول.

أنا بِالنّسْبِة إلي حَياتي انْقسْمت نُصّيْن: نُصّ قبِل هاي الحادْثِة ونُصّ تاني بعِدْها. تفْكيري، عقْليتي، وقراراتي كُلّ إشي اتْغيرّ ولمّا صِرت أتْطلّع على حالي بِالمْراي مرّات بسْأل مين أنا؟ معْقول كُلّ هاد بيطْلع مِن شخِص مِتْلي؟ قدّيْش مُمْكِن الواحد يِتْحمّل فْراق؟

وأنا عم بكْتُب هالقِصّة اِحْترِت بيْن إسمْين: ما انْخلقِت لحتّى أبْقى أَوْ الطِّفْل المُعْجِزِة بسّ بِصراحة حسّيْت إنّو لكُلّ إنْسان هدف والله بيبْعت رسائِل ودْروس على هَيْئِةْ إنْسان مرّات. ولازِم ما نِنْسى إنّو كُلّ إشي بيصير لسبب وعشان هيْك إنْتَ يا يِحْيى كُنِت درْسي بِهالحَياةْ!

I Was Not Created to Stay

In the life of all human beings, there is a specific person or event that changes your entire life and turns it upside down. When you look at your life after many years, you realize the number of people you did not think would disappear from your life, and for other people who were just strangers, you thought you've met by chance and that they would leave one day, but fate had the final word, and they stayed with you forever.

As for me, my life was divided into two halves: a half before this incident and another half after it. My thinking, my mentality, my decisions—everything changed. And now that I've started looking at myself in the mirror, I sometimes ask myself, "Who am I?" Is it possible that all of that can come from a person like me? How can one bear the separation?

When I started writing this story, I had two titles in mind. 'I Was Not Created to Stay' or 'The Miracle Child.' But frankly, I felt that every person has a purpose, and sometimes God sends messages and lessons in the form of a human being. We must not forget that everything happens for a reason. And that's why you, Yehya, were my lesson in life!

أنا مْعلّمةْ عربي. عِنْدي كْتير طْلّاب بحِبْهُم مِتْل وْلادي. كُلّ وَلد فيهُم إلو قِصّة وحْكايِة بسّ يِحْيى كان غيرْ. بتْذكّر هداك اليوْم كْتير مْنيح لمّا كُنتِ عم بشْرح وإجت جُمْلِة "أسْمَيْتُهُ يِحْيى ليَحْيا." انْتبهتِ على البسْمِة اللي انْرسْمت على شْفافك، مِش لأِنّك فْهِمت معْنى الجُمْلِة بسّ لأِنّك قرأتِ إسْمك بِالكْتاب. يا الله شو كُنتِ بريء وأيّ تفْصيل صْغير مُمْكِن يِسْعِدك. حاولِت أشْرح الجُمْلِة بسّ ما حبّيْت أحْكي القِصّة مِن وَراها وما حبّيْت هاي الابْتِسامِة اللي على وِجْهك تِنْمِحي.

يِحْيى وَلد عُمْرو عشْر سْنين مِن عيْلِة مِتْواضْعة بسّ مِتْماسْكِة كْتير. عاش مع أُمّ وأبّ وأُخْت صْغيرِة إسِمْها زيْنة. كان الحفيد الأوّل اللي نوّر العيْلِة. كان مْدلّل كْتير بسّ ما عُمْرو بينّ عليْه. كان محْبوب جِدّاً وكُلّ زْملائو بِالصّف بيحِبّوه كْتير، بنات ووْلاد وما شاء الله علاماتو دايْماً كامْلِة والكُلّ بْيِشْكُر بأِدبو وأخْلاقو. مِن أكْتر الأشياء اللي كُنت أحِبّها بْيِحْيى هُوِّ إنّو بيحِبّ يِتْعلّم، مِش بسّ مْشان العلامِة. مع إنّو كان كْتير صْغير حجْم المعْلومات اللي قدِر يِدْرِكْها ويِحْصل عليْها كانت فظيعة. مرّات كُنت أنْصدِم مِن الأسْئلِة اللي بْتُخْطر على بالو يمْكِن حتّى أنا ما عُمْري فكّرت فيها.

I am an Arabic teacher. I have many students that I love, just as if they were my children. Every child has a story, but Yehya was different. I remember that day very well when I was explaining and introducing this sentence: "I named him Yehya so that he would live." I paid attention to the smile drawn on your lips, not because you understood the meaning of the sentence, but because you read your name in the book. Oh God, he was very innocent, and any small detail could make him happy. I tried to explain the sentence, but I did not want to tell the story behind it, and I did not want that smile on your face to disappear.

Yehya is a ten-year-old boy from a modest but very close-knit family. He lived with his father, mother, and a young sister named Zina. He was the first grandson of the family. He was so spoiled, but it never showed upon him. He was very loved; all his classmates loved him, the girls and boys. His grades were always perfect, and everyone appreciated his politeness and character. One of the things that I love the most about Yehya is that he is eager to learn, not just for the sake of the grade. Although he was very young, the amount of information that he could realize and acquire was terrific. Sometimes, I was feeling shocked by the questions he would ask. They wouldn't even come to my mind.

مرّة إجا وسألْني: "مِسّ، الإنْسان قبِل ما يمْوت بْيِتْوَجّع؟"

"يِحْيى كم مرّة حكيْنا إنّو مو مْنيح نْفكِّر بْهاي القِصص؟"

"بعْرف يا مِسّ بسّ إمْبارِح سْمِعِت على الرّادْيو عن الطِّفْل السّوري اللي غِرِق وكُنِت حابِب أعْرف إذا اتْوَجّع كْتير."

"حبيْبي يِحْيى ما حدا بْيِقْدر يعْرف لِأنّو هاي الأشْياء مِن عِلْم الغيْب ما بيعْرفْها غيرْ الله، بسّ اللي أنا مِتْأكْدِة مِنّو إنّو الله ما بيكلِّف نِفْس إلّا وِسعْها. مرّات الله بْيَعْطيك طاقة كْبيرة لتْواجِهْ المصاعِب اللي رح تْمُرّ فيها."

"صحّ يا مِسّ. أصْلاً إحْنا ما انْخلقْنا للخُلود. كُلّ واحد فينا إلو يوْم، صحّ؟

"حبيْبي يِحْيى الله يِحْميك مِن كُلّ شرّ. يَلّا مِش ضايِل إشي على الفُرْصة. روح كُل ساندْويشْتك مْشان ماما ما تِزْعل مِنّك."

بعِد ما طِلِع مِن عِنْدي صفنِت وقعدِت أفكِّر مع حالي: "قدّيْش السُّؤال اللي سألو عميق، قدّيْش بيقْدر الواحد يِتْحمّل؟ وكيف خطرْلو يِحْكيلي إنّو إحْنا ما انْخلقْنا للخُلود؟

Once, he asked me, "Miss, does a person feel pain before they die?"

"Yehya, how many times did I tell you that it is not good to think about these things?"

"I know, miss, but yesterday, I heard on the radio about the Syrian child who drowned, and I wondered if it hurt him."

"Dear Yehya, no one could tell because these things are from the world of the unseen. Only God knows that. But what I am sure about is that God does not charge a soul except [with that within] its capacity. Sometimes God gives you the power to face the difficulties that you would go through.

"That's right, miss. Anyway, we were not created for eternity. Every one of us will die one day, right?

"My beloved Yehya, may God protect you from all evil. Go eat your sandwich, so your mom doesn't get upset with you."

After he left, I stared and thought to myself, "The question that he asked me is so deep. How much can one bear? And how did it come to his mind to tell me that we were not created for eternity?

❖ ❖ ❖

حَياتي أنا تْعْتبر فاضْيِة نَوْعاً ما. عُمْري ٣٥ سنِة. اِتْزوّجت وأنا عُمْري ٢٠ بسّ لِلأسف الله ما طعمْني بْوَلد. زُرْنا أطِبّاء كْتير وجرّبْنا طْرُق كْتير بسّ ما زبط إشي لدرجِةْ إنّو زوْجي فقد الأمل مِنّي وقرّر يِطلِّقْني ويِتْزوّج واحْدِة تانْيِة تْجيبْلو الوَلد اللي بيتْمنّاه. قدّيْش كانت هديْك الفتْرة صعْبِة عليّ! اللي اتْخيّلِت إنّي رح أكمِّل معو كُلّ حَياتي تْخلّى عنّي وتركْني لحالي بْنُصّ الطّريق. وأنا شو ذنْبي؟ ليْش أعيش بقيةْ حَياتي وَحيدِة؟

"جوري، أنا بعْتذِر مِنِّك. ما اتْناقشْنا بِهاد المَوْضوع قبِل بسّ إمّي نِفْسْها تْشوفْلي وَلد وأنا صبرت عليْكي كْتير.

"صبرتِ عليّ؟ هاي حِكْمِةْ الله وأنا ما إلي إيد فيها! كان بِإمكانك تْخبِّرْني قبِل على الأقلّ.

"خلص المَوْضوع اِنْتهى. الله يْوَفِّقِك بحَياتِك."

بسّ سُبْحان الله، حتّى هُوِّ حَياتو ما كمْلِت. اللي تْزوّجْها كمان ما جابتْلو وَلد ويمْكِن حسّ بِأنّو المُشْكِلِة مِنّو مِش من حدا تاني. حاوَل يرْجعْلي كْتير بسّ كرامْتي كانت فوْق كُلّ إشي عِنْدي وما قْدِرِت أتْنازل. الحُبّ، العِشْرِة، وإنِّك ما تْهوني ع يَلّي بِتْحِبّيه هِيِّ أهمّ إشي بأيّ علاقة وأنا خْسِرْتْهُم كُلْهُم بِعلاقْتي معو.

My life can be considered more or less empty. I am 35 years old. I got married when I was 20, but unfortunately, God did not give me a son. We visited many doctors and tried many methods. Still, nothing worked, to the point that my husband lost hope in me and decided to divorce me and marry another woman that could give him the child he wanted. How difficult that period was for me! I never imagined that the one I thought I would live the rest of my life with would abandon me and leave me alone. What is my sin? Why do I have to live the rest of my life alone?

"Joury, I beg your pardon. We did not discuss this matter before, but my mother wants to see my children, and I have been very patient with you.

"Patient with me? God didn't give us children. I have nothing to do with it! You could have at least told me."

"It is over. May God grant you success in life."

But, glory be to God, even his life wasn't as he wanted. The woman he married wasn't able to give him a child, either. And maybe he felt that he was the problem, not anyone else. He tried to get back to me many times, but my dignity was above everything, and I could not give that up. Love, respect, and fear of loss are the most important things in any relationship. I had lost them all in my relationship with him.

إمّو قرّرت وهُوِّ نفّذ بِدون ما حتّى يِحْكيلي قبِل. اتْفاجئِت بِوَرقةِ الطّلاق على الباب بعِد رجْعِتي مِن المدْرسةِ هداك اليوْم. كُلّ إشي الواحد بيقدّمو بِالحَياة رح يُحْصُدو بْيوْم مِن الأيّام وهاد الإشي اللي بيشجِّعْني دايْماً على العطاء.

الله ما أعْطاني وَلد بسّ وَهبْني أَوْلاد مِن طُلّابي الحِلْوين. كانت إلي معزّة خاصّة عِنْد كُلّ طُلّابي وكانوا المِعلّمات يْغاروا مِن سرّ هاد الحُبّ. أغْلب الطُّلّاب كانوا يِعْزموني على كُلّ حفْلاتْهُم سَواء كانت حفْلات نجاح، عيد ميلاد، أعْراس حتّى!

❖ ❖ ❖

بْيوْم مِن الأيّام اِنْعزمِت على عيد ميلاد يِحْيى التّاسِع. أهْلو كانوا مْحضّرينْلو أشْياء كْتير حِلْوِة وعامْلينْلو حفْلِة بْتجنِّن. كان نِفْسو تْكون الحفْلِة برّا بسّ الجوّ ما بْيِسْمح. كان عيد ميلادو بِ ١٠/٢٦ وكان الجوّ بلّش يْصير برْد. لهيْك نظّموا الحفْلِة جُوّا البيْت. كُلّ إشي كان رائِع بلالين وهدايا بْكُلّ مكان.

سرحِت للحْظة واتْخيّلِت لَوْ كان عِنْدي وَلد يا ترى شو كُنْت عْمِلْتِلّو بْعيد ميلادو؟ أتْوَقّع إنّو لَوْ طلب نْجوم السّما كان جِبْتِلّو ايّاهُم.

His mother decided, and he obeyed without even telling me before. I was surprised by the divorce paper at the door after I got home from school. Every single thing you give will be reaped one day, and this is what always encourages me to give.

God did not give me a child but gifted me my sweet students. I was very special to all of my students. Even other teachers were feeling jealous of this love secret! Most of the students invited me to all of their parties, whether graduation parties, birthdays, even weddings!

One day, I was invited to Yehya's ninth birthday. His family prepared really nice things, and they had an amazing party. He wanted a party outdoors, but the weather would not permit. His birthday was on October 26th, and the weather was getting cold, that's why they organized an inside party. Everything was wonderful—balloons and gifts everywhere.

I took a break for a moment and imagined how it'd be if I had a son. What would I do for his birthday? I think that if he'd ask for the stars, I would have brought them to him.

اِحْتفلْنا بْعيد ميلاد يِحْيى وانْصدمِت قدّيْش في ناس بيحِبّوه لهالوَلد. كْبار وصْغار كُلُّهُم جايّين مْشان يِحْتِفْلوا بْهاليوْم الحِلو اللي نوّر فِيّو يِحْيى حَياتْنا. قعدِت جنْب إمّو وكانت عم تِحْكيلي عن طُفولِة يِحْيى.

"قدّيْش كان وَلد شقي يا مِسّ، بسّ والله إنّو بطل عانى كْتير بِهالحَياة رْغُم صِغر سِنّو. لمّا جِبْتو كان عِنْدو مُشْكِلِة بِالتّنفُّس وكان عايِش على أنْبوبِة الأوكْسِجين. كُلّ يوْم عن يوْم، كان وَضْعو بْيِتْدهْوَر لِدرجِة إنّي فقدْت الأمل إنّو رح يْعيش بسّ هالطِّفِل مُعْجِزِة! كان قَوي كْتير وقِدِر يِتْغلّب على المرض ومِتِل ما إنْتي شايْفة هَيّو معْنا اليوْم الحمْدُ لِله."

"الحمْدُ لِله يِحْيى وَلد كْتير شُجاع وقَوي، وبْيِقْدر يِتْغلّب على كُلّ إشي. الله يْخلّيلك اِيّاه يا ربّ."

"مِسّ، بِدّي أحْكي معِك بْمَوْضوع بسّ مِسْتِحْيِة مِنِّك."

"لا، اِتْفضّلي اِحْكي."

"أخوي مْطلِّق وبدوِّر على عروس، وصراحة إنْتي أوّل واحْدِة خطرت على بالي."

"ما بعْرف صراحة. خلّيني أفكِّر بِالمَوْضوع."

We celebrated Yehya's birthday, and I was shocked by the number of people that love him. Old and young, all of them came to celebrate this beautiful day, the day when Yehya came into our lives. I sat next to his mother, and she was telling me about Yehya's childhood.

"He was always a naughty boy, miss, but honestly, he's a hero. He suffered a lot in his life despite his young age. When I gave birth to him, he had a breathing problem, and he lived on an oxygen tube. Day by day, his condition got worse to the point that I lost hope in his survival, but he is a miracle child! He was very strong and capable of overcoming the disease, and he is with us today, praise be to God."

"Praise be to God, Yehya is a very brave and strong boy. He can overcome everything. God protect him."

"Miss, I want to talk to you about something, but I'm feeling shy."

"No, go ahead and talk."

"My brother is divorced and is looking for a bride, and frankly, you were the first person that came to my mind."

"I don't know, to be honest. Let me think about it."

"فكّري وردّيلي خبر بسّ لازم أطمّنك إنّو أخوي شخْص كْتير مْنيح ورح ترْتاحي معاه."

❖ ❖ ❖

روّحت مِن العيد ميلاد وأنا غايْصة بِالأفْكار. معْقول الحَياةْ عم تعْطيني فُرْصة تانْيِة؟ معْقول لِسّا في سعادة مْخبّية ما وْصلِتْها لِسّا؟ فكّرت كْتير هديْك اللّيْلة واليوْم التّاني قرّرت أخبِّر إمّو لِيحْيى إنّو رح أعْطيه فُرْصة مْشان نِتْعرّف على بعض أوّل وبعْديْن بِنْشوف شو بيصير.

قرّرت أقابْلو بمِطْعم قريب مِن بيْتي مْشان نِتْعرّف على بعض. لمّا كُنت عم بتْطلّع عليْه شُفت يحْيى بسّ كشخِص بالغ وراشِد. اكْتشفت مِن ويْن جايِب يِحْيى كُلّ هالفِهِم واللّطافة.

قعدْنا وكان الجّو حِلو وصوْت الأغاني بْيَعْطي نكْهة خاصّة كالعادة. حكيْنا كْتير لدرجةْ إنّو ما حسّيْنا بِالوَقت أبداً. ضلّيْنا نِحْكي لساعات. حكيْنا عن كُلّ إشي، الحُبّ، الأوْلاد، الحَياةْ وصدْمِتْنا بأقْرب النّاس إلْنا. حِلو كْتير إنّك تْلاقي شخْص بيشْبهك كْتير حتّى بْأحْزانك.

"Think and let me know, but I have to assure you that my brother is a very good person and would make you happy."

I went home feeling overwhelmed with thoughts. Could life be giving me another chance? Could there still happiness I haven't seen yet? I thought a lot that night, and the next day, I decided to tell Yehya's mother that I would give him a chance so that we get to know each other first and to see what would happen later.

I decided to meet him at a restaurant near my house, so we could get to know each other. When I saw him, I saw Yehya, but as an adult and a mature man. I realized where did Yehya get all this intelligence and kindness from.

We sat down, and the atmosphere was nice, and the sound of the music gave a special vibe as usual. We talked so much that we didn't feel the time at all. We talked for hours about everything—love, children, life, and our shock with the closest people to us. It's so nice when you meet someone similar to you, even in your grief.

بسّ مع إنّي ارْتحِت للمَوْضوع ما كُنت حاسِّة إنّي عم بعْمِل الإشي الصّحّ حسّيْت إنّو مو مِن حقّي أدوِّر على فُرْصة تانْيِة! وشو رح أعْمِل إذا طِلِع مِتْلو مِتِل يَلّي قبْلو لأِنّو بِالبِداية كُلُّهُم بيكونوا مْناح. ضلّيْنا نِتْقابل وحاوَلِت أحْكيلو وِجْهِةْ نظري وهُوِّ يْحاوِل إقْناعي.

❖ ❖ ❖

بْيوْم مِن الأيّام كُنِت قاعْدِة بْغُرْفِةْ المُدرِّسين بسْتنّى الحِصّة. سْمِعِت صوْت دقّ على الباب ولمّا فتحِت كان يِحْيى. حكالي: "مِسّ، أنا بعْرف ليْش ما بِدِّك تِتْزوّجي خالي. إنْتي خايْفِة، صحّ؟"

"يِحْيى حبيْبي، كُلّ واحد بْياخُد نصيبو بِهالحَياةْ وأنا أخدِت نصيبي."

مسك إيدي وحكالي: "مِسّ كُلّ إنْسان بْيِسْتحِقّ فُرْصة تانْيِة بِالحَياة وحتّى إنْتي كُنْتي دايْماً تِحْكيلْنا إذا أوّل تجْرُبِة فِشْلِت هاد لا يَعْني إنّو كُلّ التّجارُب فاشْلِة. أنا واثِق إنّو خالي هُوِّ فُرْصِتِك التّانْيِة بِالحَياةْ ورح يْرْسُم الابْتِسامِة على وِجْهك مِتِل ما بْيِعْمل دايْماً معي. وأنا رح أكون قريب مِنِّك. شو بِدْنا أحْسن مِن هيْك؟ مِسّ، أعْطي لحالِك الفُرْصة التّانْيِة لأِنِّك بْتِسْتاهليها."

"ماشي حبيْبي، بَوْعِدك أفكِّر بِالمَوْضوع."

But even though I was satisfied, I did not feel that I was doing the right thing. I felt that I did not have the right to seek out another opportunity. And what if he ends up being like the one before him because at the beginning everyone seems good! We kept meeting, and I tried to tell him my point of view while he would try to convince me.

One day, I was sitting in the teachers' room, waiting for my class. I heard the door knocking, and when I opened it, it was Yehya. He told me, "Miss, I know why you don't want to marry my uncle. You're afraid, aren't you?"

"Dear Yehya, everyone takes what's rightfully theirs in life, and I've taken mine."

"He grabbed my hands and told me, "Miss, every person deserves a second chance in life. You have always told us that If the first experience was a failure, this does not mean that all experiences are a failure. I am sure that my uncle is your second chance in life, and he will draw a smile on your face, just like he does to me. And I will be close to you. What would we want better than this? Miss, give yourself a second chance because you deserve it."

"Okay, sweetie. I promise you I will think about it."

❖ ❖ ❖

بعدِ شهرِ، اتْجوّزْنا أنا وفادي (خالو لَيحْيى). كُلّ إشي كان حِلو وأحْلى بكْتير مِن ما اتْوَقّعت. عِشْنا فترْة حِلْوة كْتير. ويحْيى كان يْزورْنا كُلّ يوْم تقْريباً. لأوّل مرّة حسّيْت بِشْعور العيْلِة والبيْت. إنّو يْكون عِنْدك عيْلِة بيحِبّوك عنْجدّ وبيْدْعموك دايماً. الله بيْعْطيك سبب لِلْحَياة بِوَقِت كُنتِ مُسْتعِدّ فيه تِتْخلّى عن كُلّ إشي وتِعْلِن اِسْتِسْلامك.

بعدِ شهرِ تقْريباً صارت مُعْجِزِة بِالنّسْبِة إلي. اِكْتشفِت إنّي حامِل! كان فِعْلاً أسْعد يوْم بِحَياتي. الشّعور اللي حسّيْتو مِش مُمْكِن أَوْصِفو بِالكلام. سعادِةْ يحْيى بْهداك اليوْم لفتت نظري كان مبْسوط كْتير. كان عم بينُطّ وبيخبِّر الكُلّ بِالعيْلِة. هالوَلد عِنْدو قُدْرة غريبِة على الإحْساس بِوَجع وفرح غيْرو. بدأ يِحْكيلي شو رح نِعْمل بسّ ييجي البيْبي وقدّيْش رح يْجيبْلو أَلْعاب.

"أنا رح أكون مِتِل أخوه الكِبير. رح أخلّيه يْحِبْني وما يِنْساني طول حَياتو."

"أكيد يا يِحْيى، إنْتَ أصْلاً شخْص ما بْتِنْتسى."

"مِش قادِر أصْبر كُلّ هالِشّهور. نِفْسي ييجي بْسُرْعة وأشوفو."

"إن شاء الله رح تْشوفو وتِزْهق مِنّو كمان."

After a month, Fadi (Yehya's uncle) and I got married. Everything was nice, much nicer than I expected. We lived a very nice life, and Yehya visited us almost every day. For the first time, I had the feeling of having a family and home–a family that loves you, respects you, and always supports you. Sometimes God gives you a reason to live when you were just about to give up everything and surrender.

After nearly a month, a miracle happened. I found out that I got pregnant! It was really the happiest day of my life. The feeling cannot be described. Yehya's happiness that day caught my eyes. He was very happy. He was jumping around and telling everyone in the family about my pregnancy. This boy has a strange ability to sense the pain and joy of everyone. He started telling me what we would do and that he would bring a lot of toys for the baby.

"I will be like his big brother. I will make him love me and never forget me throughout his whole life."

"Sure, Yehya. You are already an unforgettable person."

"I can't wait all these months. I want him to come fast so I can see him."

"You'll see him a lot, God willing."

"بحِبّك إنْتي والبيْبي."

"وإحْنا بِنْحِبّك يا يِحْيى."

❖ ❖ ❖

بلّشت دلالات الشِّتا تْبيِّن غُيوم سوْدا بسّ بِدون مطر وجوّ بارِد نَوْعاً ما. كُنِت قاعْدِة بْغُرْفِةْ المْعلْمات وعم بتْأمّل بْهالغُيوم وبحْكي سُبْحان الله. بعِد كُلّ هالغْيوم بْيِجي فرح. قاطعتْني مْعلْمِة الإنْجِليزي عن شْرودي وحكتْلي إنّو رح يْكون فيه رِحْلِة للأَوْلاد الإسْبوع الجايّ وإنُّهُم كْتير مِتْحمّسين إلْها.

بسّ قرأِت إنّو المكان رح يْكون البحْر الميِّت، رُحِت عِنْد المُديرة على طول وخبرْتْها إنّو الجوّ مِش مُناسِب لِمِتِل هيْك رِحل وإنّو مُمْكِن يْكون فيه خطر على الأَوْلاد بسّ أكّدتْلي إنّو كُلّ إشي رح يْكون مْنيح.

"بعْرف إنِّك المُديرة ومِش مِن حقّي أتْدخّل، بسّ ما بقْدر أشوف هيْك شي وأسْكُت."

"الجوّ هداك اليوْم رح يْكون مْنيح ورح يْكون معْهُم مُرْشِدين يْساعْدوهُم ومْعلْماتْهُم أكيد. ما تْخافي، كُلّ إشي رح يْكون مْنيح."

"I love you and the baby."

"And we love you too, Yehya."

The signs of winter started to appear with black clouds but without rain, and the weather was somewhat cold. I was sitting in the teachers' room staring at the clouds and saying, glory be to God, after all these clouds, happiness comes. The English teacher interrupted my thinking and told me that there will be a trip for the children next week and that they are very excited about it.

When I noticed that the place they will be going to is the Dead Sea, I immediately went to the principal and told her that the weather would not be suitable for such a trip, and it might be dangerous for the children. But she assured me that everything would be fine.

"I know that you are the principal, and I don't have the right to interfere, but I cannot see this and keep silent."

"The weather that day will be good, and there will have guides and their teachers with them. Don't worry. Everything will be fine."

"بتْمنّى!"

خلّص الدَّوام وأخدِت يِحْيى ورُحْنا على بيْت أهْلو واتْغدّيْنا هْناك. طلّع يِحْيى وَرقةْ الرِّحْلِة مِن شنْطِتو وطلب مِن أهْلو إنّو يْروح عليْها. إمّو رفْضت بِالأوّل بسّ بعدِ إلْحاح كْبير وافْقت. كان طايِر مِن الفرح وبلّش يِحْكيلي شو رح يْحضِّر للرِّحْلِة ومين رايِح مِن أصْحابو.

❖ ❖ ❖

كانت الرِّحْلِة بـ ٢٠١٨/١٠/٢٥ وكان التّاريخ مْهِمّ جِدّاً لِكُلّ طُلّاب الصّفّ وعم يِسْتنّوه إلْهُم أُسْبوع. بِهداك اليوْم شِفِت فرْحِتْهُم الصُّبِح كُلّ واحد فيهُم لابِس أواعي حِلْوِة ومْحضِّر حالو وأكْلاتو. وَدّعِت يِحْيى وباقي الطُّلّاب.

وقبِل ما يِطْلع يِحْيى على الباص حكالي: "مِسّ، صار وَقِت مْغامرة جْديدِة. رح أحْكيها للبيْبي بسّ ييجي. اِحْكيلو يِسْتنّاني."

"ماشي يا يِحْيى، رح نِسْتنّاك أنا والبيْبي. أصْلاً مْحضّْرينْلك مْفاجْأة كْتير حِلْوِة بِمْناسبِةْ عيد ميلادك بُكْرا.

"ياي! أنا أكْتر حدا محْظوظ بِالدِّنْيا! رِحْلِة اليوْم واِحْتِفال بُكْرا!"

"I hope so!"

The work was finished, I took Yehya, and we went to his family's house and had lunch there. Yehya pulled out the trip paper from his bag and asked his parents to let him go. His mother refused at first, but after he insisted a lot, she agreed. He was very happy and told me what he would bring to the trip and who is going from of his friends.

The trip was on October 25th, 2018, and the date was very important for all the students in the class. They had been waiting for it for a week. That day, I saw their happiness. Every one of them was wearing new clothes and had their meals ready. I said goodbye to Yehya and the rest of the students.

Before he got on the bus, he told me, "Miss, it's time for a new adventure. I will tell the baby about it when he comes. Tell him to wait for me."

"Don't worry, Yehya. The baby and I will be waiting for you. We are preparing you a very nice surprise for your birthday tomorrow."

"Yay! I'm the luckiest person in the world! A trip today and a celebration tomorrow!"

"يَلّا اِنْتبِهْ على حالك حبيْبي واِنْبِسِط بِالرِّحْلةِ."

"أكيد! باي!"

❖ ❖ ❖

بعِد ساعات قليلةِ كانت أوّل شتْوِة بْعمّان! مطر خفيف كْتير يمِكْن ما تْحِسّ فيه حتّى. كان يِحْيى وأصْحابو بِالرِّحْلةِ عم يمِشْوا بينْ الِصُّخور والمُرْشِدين عم بيخبْرّوهُم عن هاد المكان الحِلو. كانوا عم يِضْحكوا ويِسْتكْشِفوا مناطِق جْديدةِ.

وفجْأة وبِدون سابِق اِنْذار فاضت الميّ مِن كُلّ مكان. كانت الميّ قَوية كْتير، مِش الميّ اللي اتْعوّدوا عليْها.

صاروا يِركُضوا لجِهةْ الِصُّخور العالْيِة. ناس لحّقوا يوصلوا وناس جرفتْهُم الميّ لبْعيد. أصْوات وصْريخ بِكُلّ مكان، ناس عم بِتْحاوِل تْساعِد وناس عم بِتْحاوِل تْعيش وناس تانْيِة شافت أصْحابْها عم بِترْوح مِن قُدّامْهُم بِدون ما يِقْدروا يِعْمِلوا إشي.

رفيق الدّرِب والصّاحِب خطْفتو الميّ وصاحْبو مِتْمسِّك بِصخْرة خايِف تْكون نِهايْتو مِتِل نِهايةْ صاحْبو.

"Go! Take care and have fun, sweetie!"

"Sure! Bye!"

After a few hours, it was the first rainy day in Amman! A lot of light rain you could not even feel. Yehya and his trip friends were walking between the rocks, and the guides were telling them about this nice place. They were laughing and exploring new areas.

And out of a sudden, with no signs of warning, water flooded from everywhere. The water was very strong, not the water that they were used to.

They started running toward the high rocks. Some people managed to make it, but some were swept away by the water. Voices and screams everywhere—some people trying to help, some people trying to survive, and others watching their friends die in front of them while not being able to do something.

The fellow traveler, the friend, was pulled away by the water. His friend clinging to a rock, afraid that it might be his end like it was for his friend.

والبِنْت الأنيقة اللي همّْها تْضلّ لِبْسِتْها حِلْوِة اِتْلطّخت بِالطّين واندفْنت تحِت الحْجارة.

ويحْيى؟ ويْن يِحْيى؟

وْصِلْنا لمكان الحادْثِة وصِرْنا نْدوِّر بين الوْجوهْ. إمّ يِحْيى بلّشت تْدوِّر عليْه وتْصُفْن بِالوْجوهْ يَلّي مْعبّيها الطّين على أمل تْشوف ملامِح طِفِلْها بْواحد فيهُم.

طُلّابي بْكُلّ مكان... كُنِت أفْرح لمّا أشوف واحد فيهُم مْروِّح مع أهْلو وأزْعل وأنا شايْفِة واحد على عربايِةْ نقْل المَوْتى.

قرّب مِنّي طالِب إسْمو يامِن وحكالي: "مِسّ يِحْيى راح وهُوِّ عم بيحاوِل يْساعِدْني. سحْبتو الميّ وما قْدِرت أساعْدو.

بعِد ساعات جابولْنا جُثّْةْ يِحْيى.

كُنِت حاسّة إنّو كابوس مُرْعِب لازِم أصْحى مِنّو. الطِّفْل القَوي خِسِر قُوّْتو وعْيونو سكّروا للأبد حرمْنا مْن وْجودو وحْكاياتو الحِلْوين. راح وتركْنا هون مكْسورين.

مِش قُلْتِلّي إنّك راجِع مْشان تِحْكي للْبيْبي عن مُغامراتك؟ مِش طلبت مِنّي أحْكيلو يِسْتنّاك؟ لمتى رح يِسْتنّاك يا يِحْيى؟

And the elegant girl, whose biggest concern was to keep her dress clean, was smeared with mud and buried under rocks.

And Yehya? Where is Yehya?

We arrived at the scene of the incident and started searching among faces! Yehya's mother was looking for him and staring among all the faces covered in mud, hoping to see the features of her child amongst them.

My students, everywhere… I felt happy when I saw someone going with his family safely and felt upset when I saw another in the coroner's van.

A student named Yamen came up to me and told me, "Miss, Yehya passed away while he was trying to help me. The water pulled him away, and I could not help him."

Hours later, they brought us Yehya's body.

I felt that it was a terrifying nightmare I have to wake up from. The strong child lost his strength, and his eyes are now closed forever, and we are never going to hear his sweet stories again. He went away and left us here broken.

Didn't you tell me that you would come back and tell the baby about your adventures? Didn't you ask me to tell him to wait for you, Yehya?

وعيد ميلادك! كيف رح نْوَدّعك قبِل بيِوْم بسّ مِن يوْم ميلادك؟ كيف مُمْكِن يْكون كُلّ إشي بِالحفْلِة جاهِز إلّا صاحب الحفْلِة؟ نفخْنالك بلالين كْتير وجهّزْنالك كيْكِة مكْتوب عليْها رقم ١٠.

بسّ ١٠ سْنين يا يِحْيى! في ناس بِتْعيش كْتير بسّ على الفاضي وفي ناس بِتْعيش قليل وبْتِترْكِ بصْمِة كْبيرة بِحَياةْ الكُلّ.

"أسْمَيْتُهُ يِحْيى ليَحْيا. وَلكِن لم يَكُنْ لَهُ مِنَ اسْمِهِ نصيب."

❖ ❖ ❖

مضت أيّام كْتير. قناعاتي اتْغيرّت. إنْتَ كُنِت درْسي بْهالحَياةْ يا يِحْيى. الأمل لِسّا مَوْجود وأنا ما رح أفْقِد الأمل مِتِل ما وَعدْتك يا حبيْبي. رح تْضلّ بِقلْبْنا وبْعقِلْنا دايماً وما رح نِنْساك.

على فِكْرة البيْبي اللي كُنْت بْتِسْتنّاه صار هون وإنْتَ صِرِت بمِكان تاني وسمّيتو يِحْيى ليَحْيا. أنا واثْقة مِن إنّو بْيوْم مِن الأيّام رح تُقْعُدوا سَوَا وتِحْكوا مُغامراتْكُم الحِلْوِة لبعْض.

في ناس ما انْخلْقت لتِبْقى. في ناس انْخلْقت لتْعلِّمْنا درْس وتْربّي فينا الأمل. الغيْمِة اللي بْتيجي ما رح تِسْأل عن حجْم الضّرر اللي مُمْكِن تِعْملو بِهمّها بسّ إنّها رح تِترْكِلْنا قَوْس قُزح بعِد ما تْروح.

And your birthday! How are we going to say goodbye to you a day before your birthday? How could everything in the party be ready, except for the guest of honor? We blew up many balloons for you and prepared a cake with the number '10' written on it.

Only ten years, Yehya! Some people live long in vain, and other people live a little and leave a big imprint on everyone's life.

"I called him Yehya to live, but his destiny was far away from his name."

Many days passed. My beliefs have changed. You were my lesson in life, Yehya. Hope is still there, and I will not lose hope, as I promised you, my love. You will always be alive in our hearts and minds, and we will never forget you.

By the way, the baby you were waiting for is here now, but you are in another place. I named him Yehya to live. I'm sure that one day you will both sit together and tell each other about your beautiful adventures.

Some people were not created to stay but were created to teach us a lesson and raise hope in us. The cloud that is coming will not ask about the extent of the damage it can cause, but it will leave us a rainbow after it leaves.

“ماما، إنْتي كُنْتي تْحِبّي يحْيى؟”

“لَوْ ما بحِبّو ما كُنِت سمّيْتك بإِسْمو.”

“هُوِّ كان قَوي بسّ أنا رح أكون أقْوى وأضلّ معِك دايْماً.”

“الله يْخلّيلي ايّاك.”

"Mom, did you love Yehya?

"If I didn't love him, I wouldn't have named you after him."

"He was strong, but I will be stronger and always stay with you.

"May God protect you."

Arabic Text without Tashkeel

For a more authentic reading challenge, read the story without the aid of diacritics (tashkeel) and the parallel English translation.

ما انخلقت لحتى أبقى

في حياة كل بني آدم في شخص أو حدث معين بيغير كل حياتك وبيقلبها. لما تتطلع على حياتك بعد سنين كتير بتعرف قديش في ناس ما كنت تتخيل بيوم إنهم ممكن يختفوا من حياتك وأشخاص تانيين كانوا مجرد غرباء كنت مفكر إنو جمعتك فيهم صدفة ورح يروحوا. بس القدر كان إلو كلمة تانية وضلوا معك على طول.

أنا بالنسبة إلي حياتي انقسمت نصين: نص قبل هاي الحادثة ونص تاني بعدها. تفكيري، عقليتي، وقراراتي كل إشي اتغير ولما صرت أتطلع على حالي بالمراي مرات بسأل مين أنا؟ معقول كل هاد بيطلع من شخص متلي؟ قديش ممكن الواحد يتحمل فراق؟

وأنا عم بكتب هالقصة احترت بين إسمين: ما انخلقت لحتى أبقى أو الطفل المعجزة بس بصراحة حسيت إنو لكل إنسان هدف والله بيبعت رسائل ودروس على هيئة إنسان مرات. ولازم ما ننسى إنو كل إشي بيصير لسبب وعشان هيك إنت يا يحيى كنت درسي بهالحياة!

أنا معلمة عربي. عندي كتير طلاب بحبهم متل ولادي. كل ولد فيهم إلو قصة وحكاية بس يحيى كان غير. بتذكر هداك اليوم كتير منيح لما كنت عم بشرح وإجت جملة "أسميته يحيى ليحيا." انتبهت على البسمة اللي انرسمت على شفافك، مش لأنك فهمت معنى الجملة بس لأنك قرأت إسمك بالكتاب. يا الله شو كنت بريء وأي تفصيل صغير ممكن يسعدك. حاولت أشرح الجملة بس ما حبيت أحكي القصة من وراها وما حبيت هاي الابتسامة اللي على وجهك تنمحي.

يحيى ولد عمرو عشر سنين من عيلة متواضعة بس متماسكة كتير. عاش مع أم وأب وأخت صغيرة إسمها زينة. كان الحفيد الأول اللي نور العيلة. كان مدلل كتير بس ما عمرو بين عليه. كان محبوب جدا وكل زملائو بالصف بيحبوه كتير، بنات وولاد وما شاء الله علاماتو دايما كاملة والكل بيشكر بأدبو وأخلاقو. من أكتر الأشياء اللي كنت أحبها بيحيى هو إنو بيحب يتعلم، مش بس مشان العلامة. مع إنو كان كتير صغير حجم المعلومات اللي قدر يدركها ويحصل عليها كانت فظيعة. مرات كنت أنصدم من الأسئلة اللي بتخطر على بالو يمكن حتى أنا ما عمري فكرت فيها.

مرة إجا وسألني: "مس، الإنسان قبل ما يموت بيتوجع؟"

"يحيى كم مرة حكينا إنو مو منيح نفكر بهاي القصص؟"

"بعرف يا مس بس إمبارح سمعت على الراديو عن الطفل السوري اللي غرق وكنت حابب أعرف إذا اتوجع كتير."

"حبيبي يحيى ما حدا بيقدر يعرف لأنو هاي الأشياء من علم الغيب ما بيعرفها غير الله، بس اللي أنا متأكدة منو إنو الله ما بيكلف نفس إلا وسعها. مرات الله بيعطيك طاقة كبيرة لتواجه المصاعب اللي رح تمر فيها."

"صح يا مس. أصلا إحنا ما انخلقنا للخلود. كل واحد فينا إلو يوم، صح؟

"حبيبي يحيى الله يحميك من كل شر. يلا مش ضايل إشي على الفرصة. روح كل ساندويشتك مشان ماما ما تزعل منك."

بعد ما طلع من عندي صفنت وقعدت أفكر مع حالي: "قديش السؤال اللي سألو عميق، قديش بيقدر الواحد يتحمل؟ وكيف خطرلو يحكيلي إنو إحنا ما انخلقنا للخلود؟

❖ ❖ ❖

حياتي أنا تعتبر فاضية نوعا ما. عمري ٣٥ سنة. اتزوجت وأنا عمري ٢٠ بس للأسف الله ما طعمني بولد. زرنا أطباء كتير وجربنا طرق كتير بس ما زبط إشي لدرجة إنو

زوجي فقد الأمل مني وقرر يطلقني ويتزوج واحدة تانية تجيبلو الولد اللي بيتمناه. قديش كانت هديك الفترة صعبة علي! اللي اتخيلت إني رح أكمل معو كل حياتي تخلى عني وتركني لحالي بنص الطريق. وأنا شو ذنبي؟ ليش أعيش بقية حياتي وحيدة؟

"جوري، أنا بعتذر منك. ما اتناقشنا بهاد الموضوع قبل بس إمي نفسها تشوفلي ولد وأنا صبرت عليكي كتير.

"صبرت علي؟ هاي حكمة الله وأنا ما إلي إيد فيها! كان بإمكانك تخبرني قبل على الأقل.

"خلص الموضوع انتهى. الله يوفقك بحياتك.

بس سبحان الله، حتى هو حياتو ما كملت. اللي تزوجها كمان ما جابتلو ولد ويمكن حس بأنو المشكلة منو مش من حدا تاني. حاول يرجعلي كتير بس كرامتي كانت فوق كل إشي عندي وما قدرت أتنازل. الحب، العشرة، وإنك ما تهوني ع يلي بتحبيه هي أهم إشي بأي علاقة وأنا خسرتهم كلهم بعلاقتي معو.

إمو قررت وهو نفذ بدون ما حتى يحكيلي قبل. اتفاجئت بورقة الطلاق على الباب بعد رجعتي من المدرسة هداك اليوم. كل إشي الواحد بيقدمو بالحياة رح يحصدو بيوم من الأيام وهاد الإشي اللي بيشجعني دايما على العطاء.

الله ما أعطاني ولد بس وهبني أولاد من طلابي الحلوين. كانت إلي معزة خاصة عند كل طلابي وكانوا المعلمات يغاروا من سر هاد الحب. أغلب الطلاب كانوا يعزموني على كل حفلاتهم سواء كانت حفلات نجاح، عيد ميلاد، أعراس حتى!

بيوم من الأيام انعزمت على عيد ميلاد يحيى التاسع. أهلو كانوا محضرينلو أشياء كتير حلوة وعاملينلو حفلة بتجنن. كان نفسو تكون الحفلة برا بس الجو ما بيسمح. كان عيد ميلادو ب ٢٦/١٠ وكان الجو بلش يصير برد. لهيك نظموا الحفلة جوا البيت. كل إشي كان رائع بلالين وهدايا بكل مكان.

سرحت للحظة واتخيلت لو كان عندي ولد يا ترى شو كنت عملتلو بعيد ميلادو؟ أتوقع إنو لو طلب نجوم السما كان جبتلو اياهم.

احتفلنا بعيد ميلاد يحيى وانصدمت قديش في ناس بيحبوه لهالولد. كبار وصغار كلهم جايين مشان يحتفلوا بهاليوم الحلو اللي نور فيو يحيى حياتنا. قعدت جنب إمو وكانت عم تحكيلي عن طفولة يحيى.

"قديش كان ولد شقي يا مس، بس والله إنو بطل عانى كتير بهالحياة رغم صغر سنو. لما جبتو كان عندو مشكلة بالتنفس وكان عايش على أنبوبة الأوكسجين. كل يوم عن يوم، كان وضعو بيتدهور لدرجة إني فقدت الأمل إنو رح يعيش بس هالطفل معجزة! كان قوي كتير وقدر يتغلب على المرض ومتل ما إنتي شايفة هيو معنا اليوم الحمد لله."

"الحمد لله يحيى ولد كتير شجاع وقوي، وبيقدر يتغلب على كل إشي. الله يخليلك اياه يا رب."

"مس، بدي أحكي معك بموضوع بس مستحية منك."

"لا، اتفضلي احكي."

"أخوي مطلق وبدور على عروس، وصراحة إنتي أول واحدة خطرت على بالي."

"ما بعرف صراحة. خليني أفكر بالموضوع."

"فكري ورديلي خبر بس لازم أطمنك إنو أخوي شخص كتير منيح ورح ترتاحي معاه."

❖ ❖ ❖

روحت من العيد ميلاد وأنا غايصة بالأفكار. معقول الحياة عم تعطيني فرصة تانية؟ معقول لسا في سعادة مخبية ما وصلتها لسا؟ فكرت كتير هديك الليلة واليوم التاني قررت أخبر إمو ليحيى إنو رح أعطيه فرصة مشان نتعرف على بعض أول وبعدين بنشوف شو بيصير.

قررت أقابلو بمطعم قريب من بيتي مشان نتعرف على بعض. لما كنت عم بتطلع عليه شفت يحيى بس كشخص بالغ وراشد. اكتشفت من وين جايب يحيى كل هالفهم واللطافة.

قعدنا وكان الجو حلو وصوت الأغاني بيعطي نكهة خاصة كالعادة. حكينا كتير لدرجة إنو ما حسينا بالوقت أبدا. ضلينا نحكي لساعات. حكينا عن كل إشي، الحب، الأولاد، الحياة وصدمتنا بأقرب الناس إلنا. حلو كتير إنك تلاقي شخص بيشبهك كتير حتى بأحزانك.

بس مع إني ارتحت للموضوع ما كنت حاسة إني عم بعمل الإشي الصح حسيت إنو مو من حقي أدور على فرصة تانية! وشو رح أعمل إذا طلع متلو متل يلي قبلو لأنو بالبداية كلهم بيكونوا مناح. ضلينا نتقابل وحاولت أحكيلو وجهة نظري وهو يحاول إقناعي.

❖ ❖ ❖

بيوم من الأيام كنت قاعدة بغرفة المدرسين بستنى الحصة. سمعت صوت دق على الباب ولما فتحت كان يحيى. حكالي: "مس، أنا بعرف ليش ما بدك تتزوجي خالي. إنتي خايفة، صح؟"

"يحيى حبيبي، كل واحد بياخد نصيبو بهالحياة وأنا أخدت نصيبي."

مسك إيدي وحكالي: "مس كل إنسان بيستحق فرصة تانية بالحياة وحتى إنتي كنتي دايما تحكيلنا إذا أول تجربة فشلت هاد لا يعني إنو كل التجارب فاشلة. أنا واثق إنو خالي هو فرصتك التانية بالحياة ورح يرسم الابتسامة على وجهك متل ما بيعمل دايما معي. وأنا رح أكون قريب منك. شو بدنا أحسن من هيك؟ مس، أعطي لحالك الفرصة التانية لأنك بتستاهليها."

"ماشي حبيبي، بوعدك أفكر بالموضوع."

بعد شهر، اتجوزنا أنا وفادي (خالو ليحيى). كل إشي كان حلو وأحلى بكتير من ما اتوقعت. عشنا فترة حلوة كتير. ويحيى كان يزورنا كل يوم تقريبا. لأول مرة حسيت بشعور العيلة والبيت. إنو يكون عندك عيلة بيحبوك عنجد وبيدعموك دايما. الله بيعطيك سبب للحياة بوقت كنت مستعد فيه تتخلى عن كل إشي وتعلن استسلامك.

بعد شهر تقريبا صارت معجزة بالنسبة إلي. اكتشفت إني حامل! كان فعلا أسعد يوم بحياتي. الشعور اللي حسيتو مش ممكن أوصفو بالكلام. سعادة يحيى بهداك اليوم لفتت نظري كان مبسوط كتير. كان عم بينط وبيخبر الكل بالعيلة. هالولد عندو قدرة غريبة على الإحساس بوجع وفرح غيرو. بدأ يحكيلي شو رح نعمل بس ييجي البيبي وقديش رح يجيبلو ألعاب.

"أنا رح أكون متل أخوه الكبير. رح أخليه يحبني وما ينساني طول حياتو."

"أكيد يا يحيى، إنت أصلا شخص ما بتنتسى."

"مش قادر أصبر كل هالشهور. نفسي ييجي بسرعة وأشوفو."

"إن شاء الله رح تشوفو وتزهق منو كمان."

"بحبك إنتي والبيبي."

"وإحنا بنحبك يا يحيى."

بلشت دلالات الشتا تبين غيوم سودا بس بدون مطر وجو بارد نوعا ما. كنت قاعدة بغرفة المعلمات وعم بتأمل بهالغيوم وبحكي سبحان الله. بعد كل هالغيوم بييجي فرح. قاطعتني معلمة الإنجليزي عن شرودي وحكتلي إنو رح يكون فيه رحلة للأولاد الإسبوع الجاي وإنهم كتير متحمسين إلها.

بس قرأت إنو المكان رح يكون البحر الميت، رحت عند المديرة على طول وخبرتها إنو الجو مش مناسب لمتل هيك رحل وإنو ممكن يكون فيه خطر على الأولاد بس أكدتلي إنو كل إشي رح يكون منيح.

"بعرف إنك المديرة ومش من حقي أتدخل، بس ما بقدر أشوف هيك شي وأسكت."

"الجو هداك اليوم رح يكون منيح ورح يكون معهم مرشدين يساعدوهم ومعلماتهم أكيد. ما تخافي، كل إشي رح يكون منيح."

"بتمنى!"

خلص الدوام وأخدت يحيى ورحنا على بيت أهلو واتغدينا هناك. طلع يحيى ورقة الرحلة من شنطتو وطلب من أهلو إنو يروح عليها. إمو رفضت بالأول بس بعد إلحاح كبير وافقت. كان طاير من الفرح وبلش يحكيلي شو رح يحضر للرحلة ومين رايح من أصحابو.

❖ ❖ ❖

كانت الرحلة ب ٢٥/١٠/٢٠١٨ وكان التاريخ مهم جدا لكل طلاب الصف وعم يستنوه إلهم أسبوع. بهداك اليوم شفت فرحتهم الصبح كل واحد فيهم لابس أواعي حلوة ومحضر حالو وأكلاتو. ودعت يحيى وباقي الطلاب.

وقبل ما يطلع يحيى على الباص حكالي: "مس، صار وقت مغامرة جديدة. رح أحكيها للبيبي بس ييجي. احكيلو يستناني."

"ماشي يا يحيى، رح نستناك أنا والبيبي. أصلا محضرينلك مفاجأة كتير حلوة بمناسبة عيد ميلادك بكرا.

"ياي! أنا أكتر حدا محظوظ بالدنيا! رحلة اليوم واحتفال بكرا!"

"يلا انتبه على حالك حبيبي وانبسط بالرحلة."

"أكيد! باي!"

❖ ❖ ❖

بعد ساعات قليلة كانت أول شتوة بعمان! مطر خفيف كتير يمكن ما تحس فيه حتى. كان يحيى وأصحابو بالرحلة عم يمشوا بين الصخور والمرشدين عم بيخبروهم عن هاد المكان الحلو. كانوا عم يضحكوا ويستكشفوا مناطق جديدة.

وفجأة وبدون سابق انذار فاضت المي من كل مكان. كانت المي قوية كتير، مش المي اللي اتعودوا عليها.

صاروا يركضوا لجهة الصخور العالية. ناس لحقوا يوصلوا وناس جرفتهم المي لبعيد. أصوات وصريخ بكل مكان، ناس عم بتحاول تساعد وناس عم بتحاول تعيش وناس تانية شافت أصحابها عم بتروح من قدامهم بدون ما يقدروا يعملوا إشي.

رفيق الدرب والصاحب خطفتو المي وصاحبو متمسك بصخرة خايف تكون نهايتو متل نهاية صاحبو.

والبنت الأنيقة اللي همها تضل لبستها حلوة اتلطخت بالطين واندفنت تحت الحجارة.

ويحيى؟ وين يحيى؟

وصلنا لمكان الحادثة وصرنا ندور بين الوجوه. إم يحيى بلشت تدور عليه وتصفن بالوجوه يلي معبيها الطين على أمل تشوف ملامح طفلها بواحد فيهم.

طلابي بكل مكان... كنت أفرح لما أشوف واحد فيهم مروح مع أهلو وأزعل وأنا شايفة واحد على عرباية نقل الموتى.

قرب مني طالب إسمو يامن وحكالي: "مس يحيى راح وهو عم بيحاول يساعدني. سحبتو المي وما قدرت أساعدو.

بعد ساعات جابولنا جثة يحيى.

كنت حاسة إنو كابوس مرعب لازم أصحى منو. الطفل القوي خسر قوتو وعيونو سكروا للأبد حرمنا من وجودو وحكاياتو الحلوين. راح وتركنا هون مكسورين.

مش قلتلي إنك راجع مشان تحكي للبيبي عن مغامراتك؟ مش طلبت مني أحكيلو يستناك؟ لمتى رح يستناك يا يحيى؟

وعيد ميلادك! كيف رح نودعك قبل بيوم بس من يوم ميلادك؟ كيف ممكن يكون كل إشي بالحفلة جاهز إلا صاحب الحفلة؟ نفخنالك بلالين كتير وجهزنالك كيكة مكتوب عليها رقم ١٠.

بس ١٠ سنين يا يحيى! في ناس بتعيش كتير بس على الفاضي وفي ناس بتعيش قليل وبتترك بصمة كبيرة بحياة الكل.

"أسميته يحيى ليحيا. ولكن لم يكن له من اسمه نصيب."

❖ ❖ ❖

مضت أيام كتير. قناعاتي اتغيرت. إنت كنت درسي بهالحياة يا يحيى. الأمل لسا موجود وأنا ما رح أفقد الأمل متل ما وعدتك يا حبيبي. رح تضل بقلبنا وبعقلنا دايما وما رح ننساك.

على فكرة البيبي اللي كنت بتستناه صار هون وإنت صرت بمكان تاني وسميتو يحيى ليحيا. أنا واثقة من إنو بيوم من الأيام رح تقعدوا سوا وتحكوا مغامراتكم الحلوة لبعض.

في ناس ما انخلقت لتبقى. في ناس انخلقت لتعلمنا درس وتربي فينا الأمل. الغيمة اللي بتيجي ما رح تسأل عن حجم الضرر اللي ممكن تعملو بهمها بس إنها رح تتركلنا قوس قزح بعد ما تروح.

"ماما، إنتي كنتي تحبي يحيى؟"

"لو ما بحبو ما كنت سميتك بإسمو."

"هو كان قوي بس أنا رح أكون أقوى وأضل معك دايما."

"الله يخليلي اياك."

Levantine Arabic Readers Series

www.lingualism.com/lar

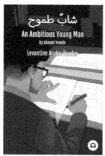

شابّ طموح
An Ambitious Young Man
by Ahmed Younis
Levantine Arabic Reader

Levantine Arabic Reader
اللي بيزْرع بيُحْصُد
Where There's a Will
by Ahmed Younis

Levantine Arabic Reader
حَياةْ فاطْمة
Fatimah's Life
by Israa Ramadan

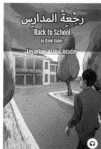

رجْعِةْ المدارِس
Back to School
by Raed Bader
Levantine Arabic Reader

البترْا
Petra
by Raed Bader
Levantine Arabic Reader

ما انْخلقِت لحتّى أبْقى
I Was Not Created to Stay
by Mais Salah
Levantine Arabic Reader

Levantine Arabic Reader
جرّةْ الفلّاح
The Farmer's Jar
by Mona Noureddine

وَرقِةْ اليَناصيب
The Lottery Ticket
by Serj D.
Levantine Arabic Reader

بْسَيْنات بَيْروت
The Cats of Beirut
by Maha Shehadi
Levantine Arabic Reader

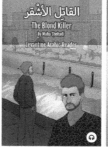

القاتِل الأشْقر
The Blond Killer
by Maha Shehadi
Levantine Arabic Reader

قدّيْش حقّ السّمك؟
How Much Is the Fish?
by Ibrahim Al-Salloum
Levantine Arabic Reader

لَويْن رايْحين؟
Where Are We Going?
by Saad Al-Aayd
Levantine Arabic Reader

Levantine Arabic Reader
خليل و الأكْوان المتعدِّدة
Khalil and the Multiverse
by Saad Al-Aayd

تحِت شجرةْ اللّوْز
Under the Almond Tree
by Fadi Akkad
Levantine Arabic Reader

Levantine Arabic Reader
عمّي العزيز جاسِم
Dear Uncle Jassim
by Ammar Al-Shaami